UNICORN
LIFE

Unicorn Life

- 8.5 x 11 -

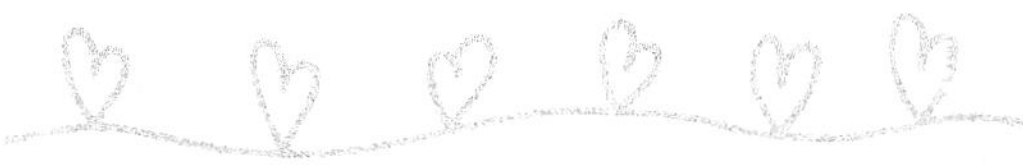

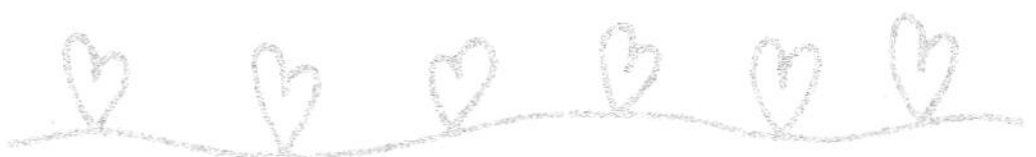

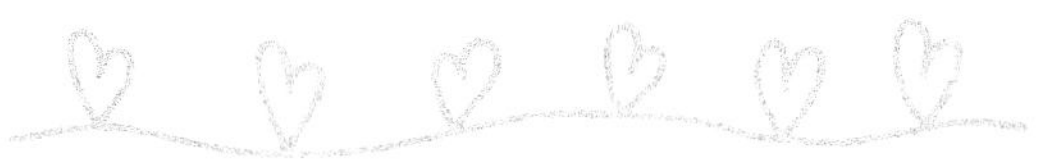

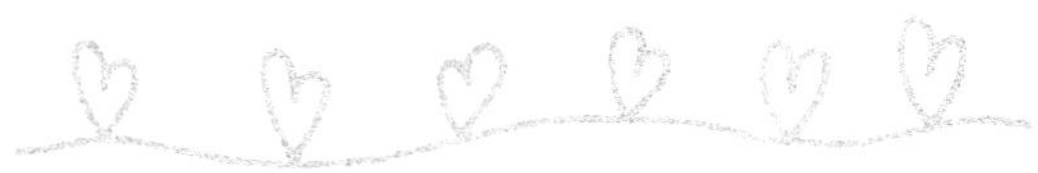

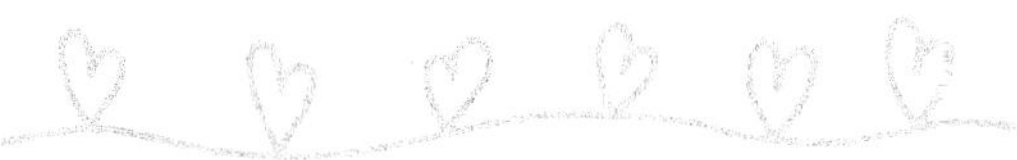

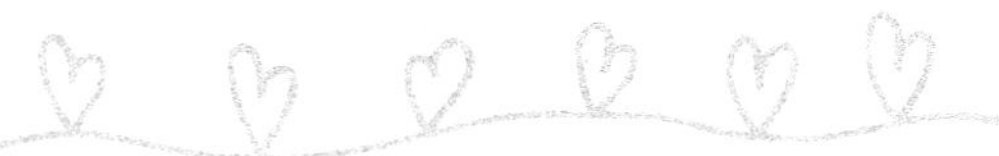

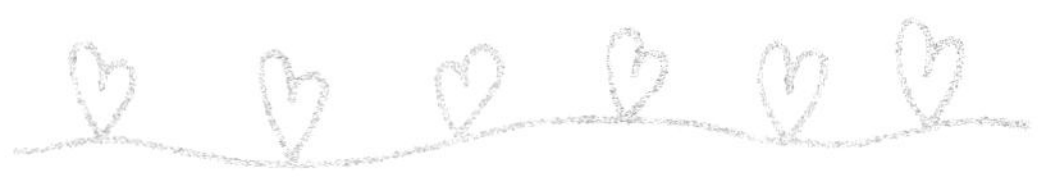

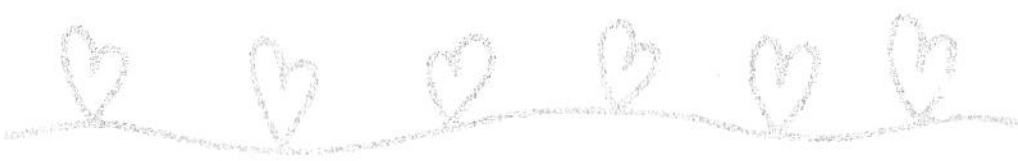

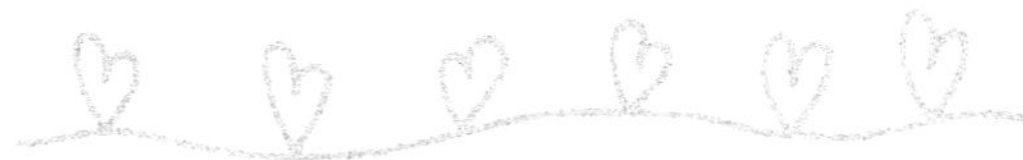

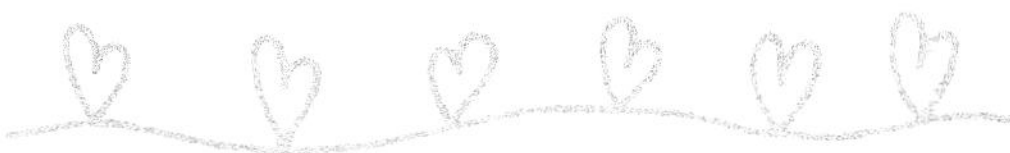

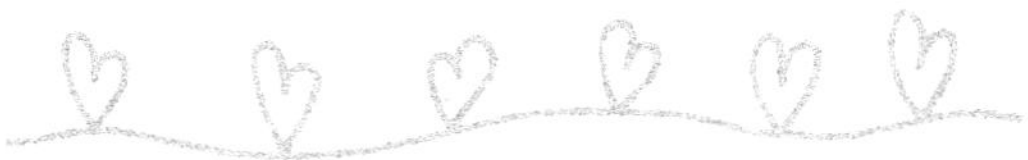

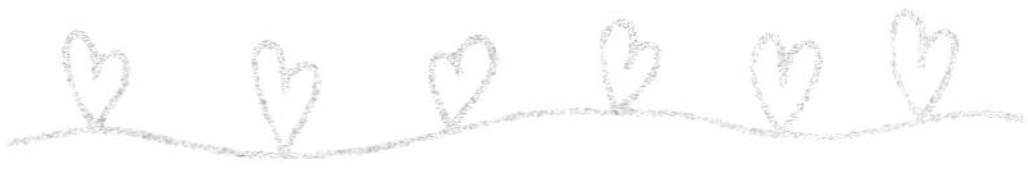

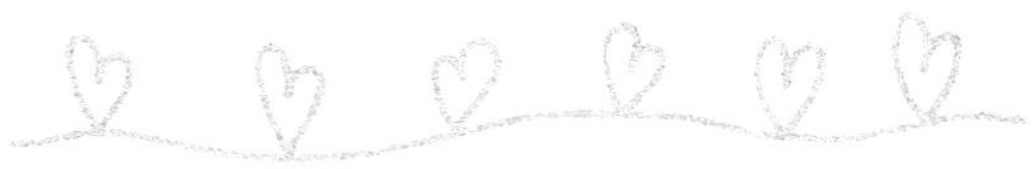

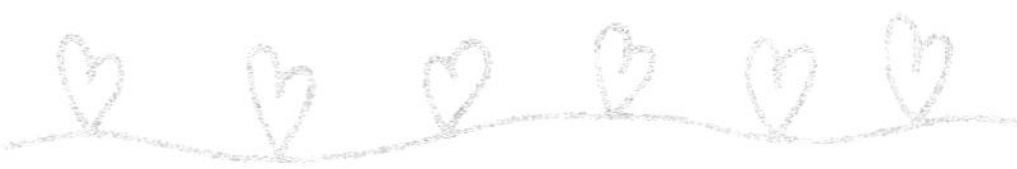

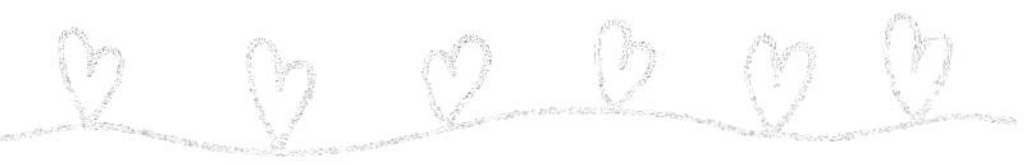

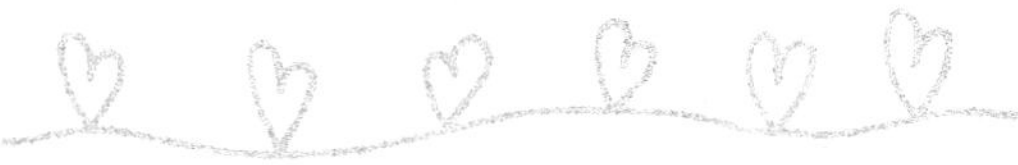

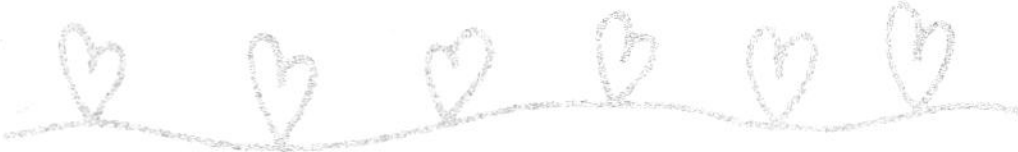

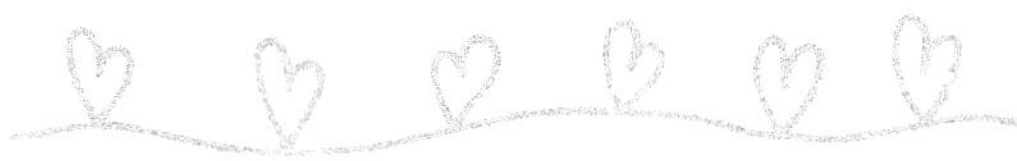

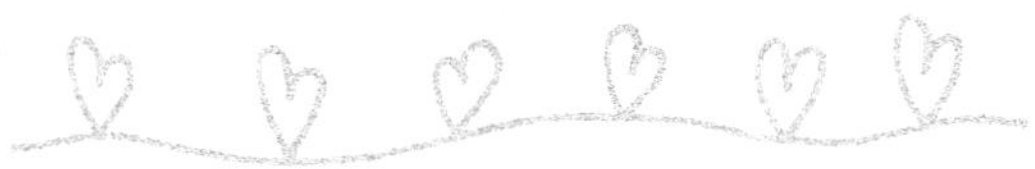

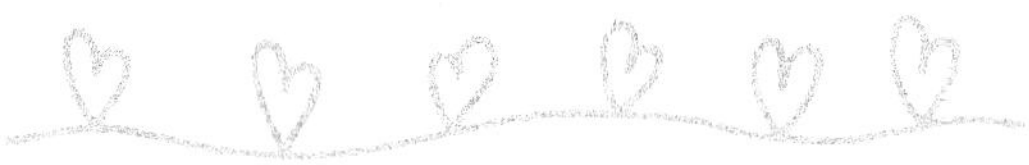

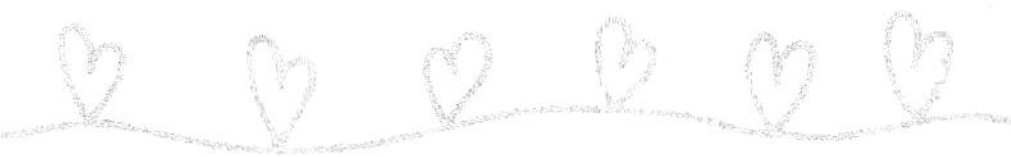

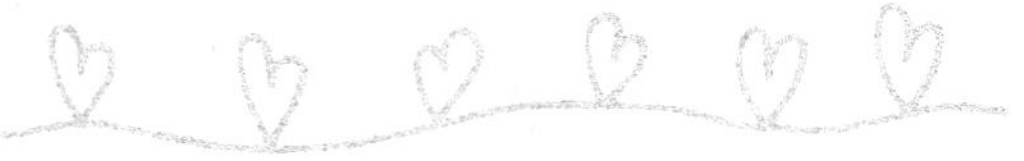

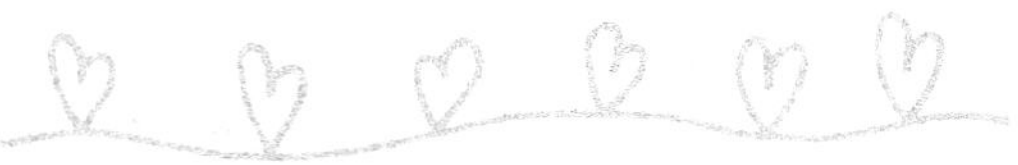

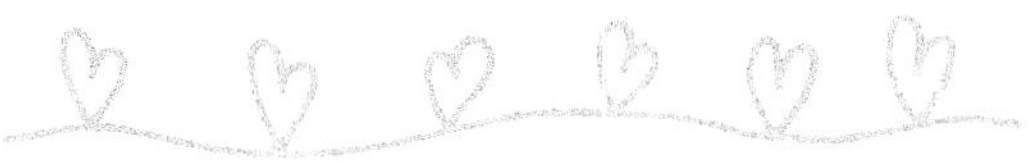

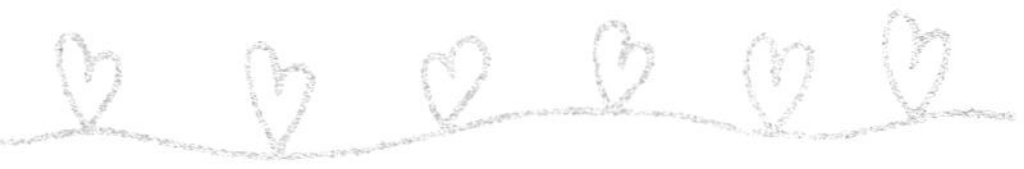

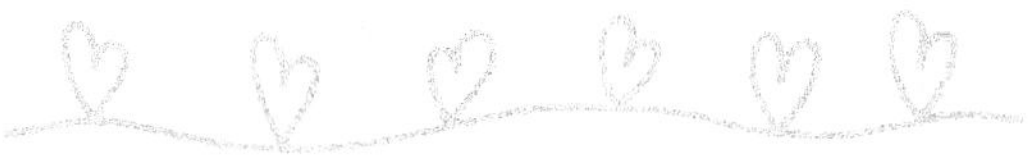

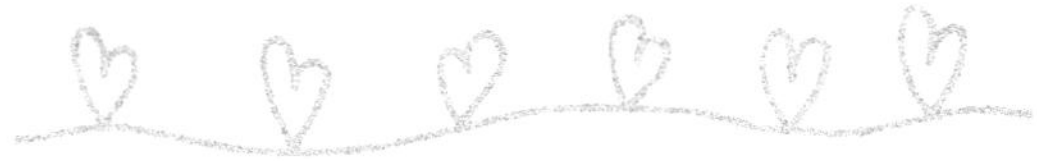

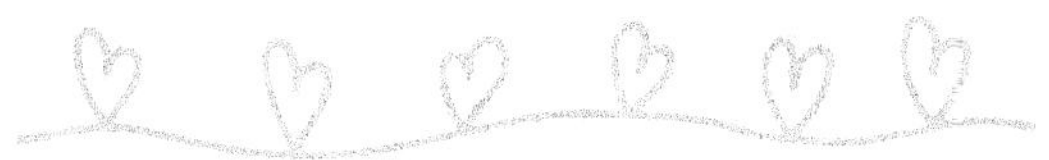

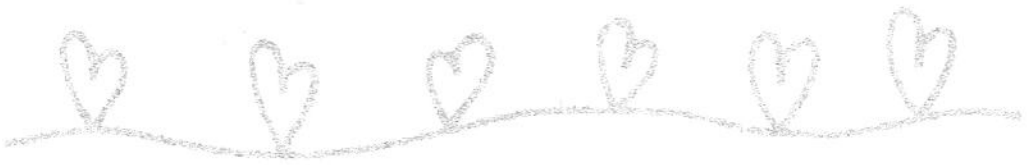

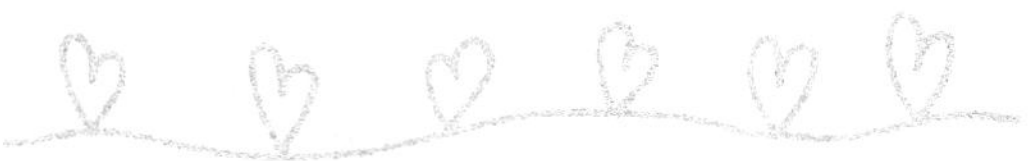

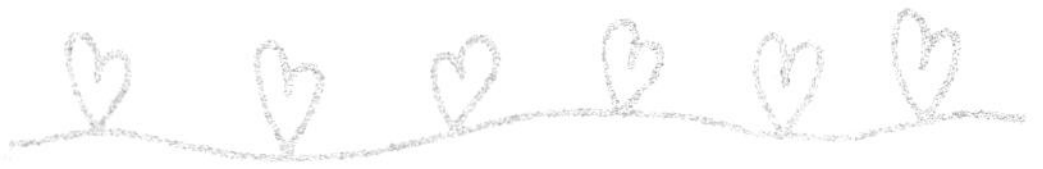

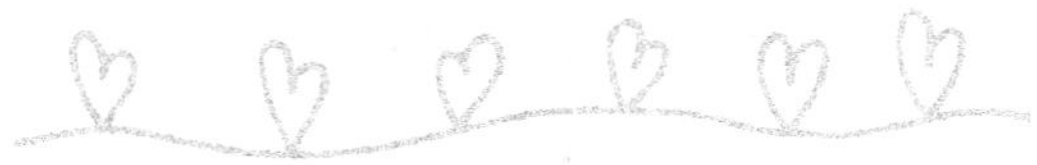

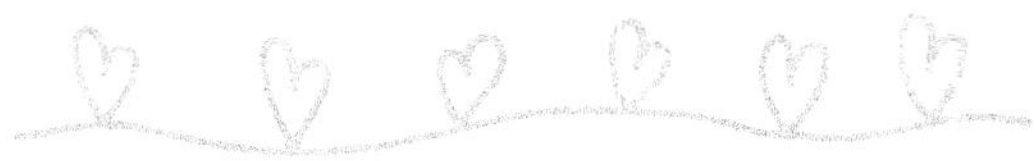

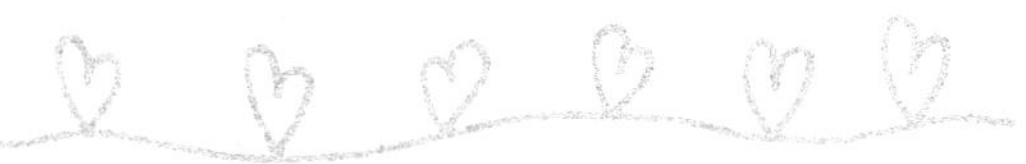

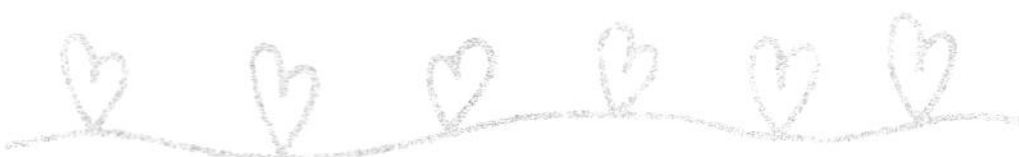

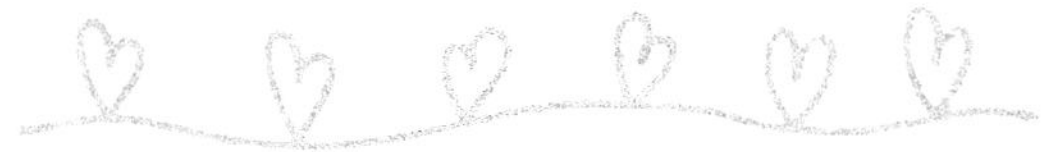

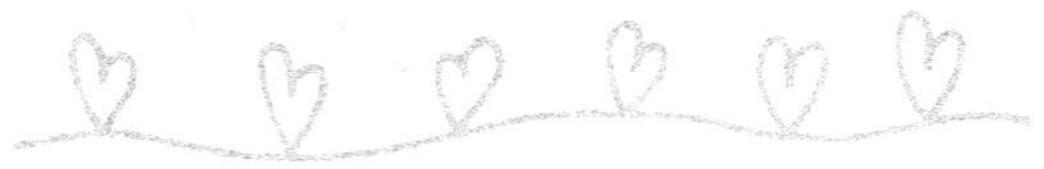

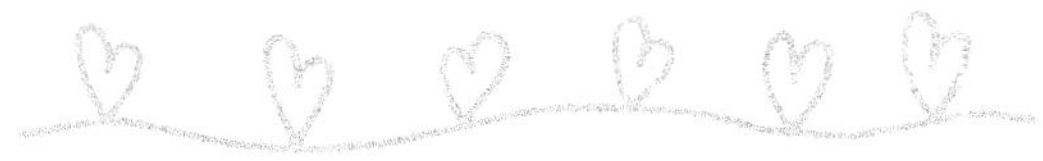

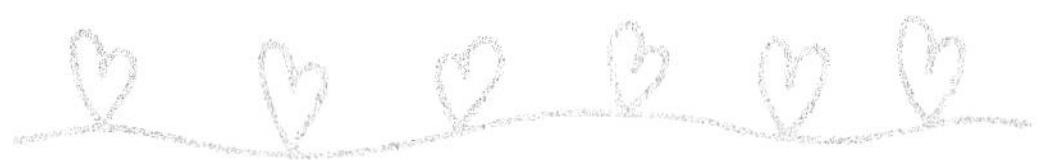

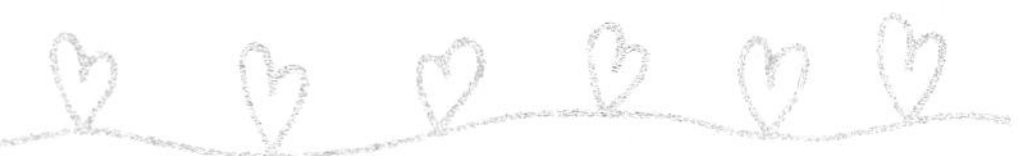

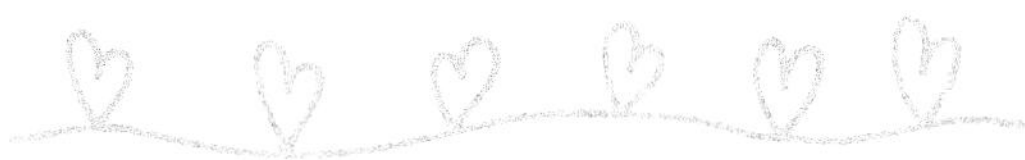

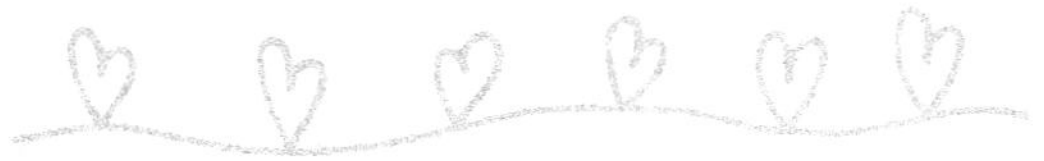

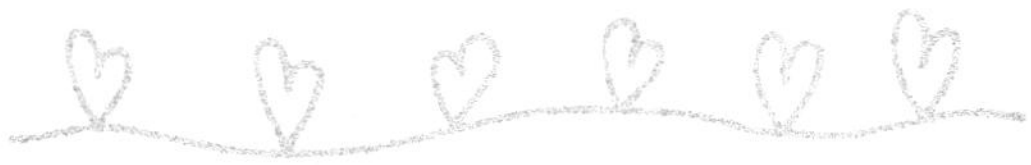

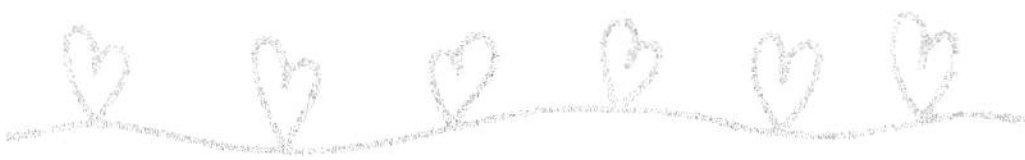

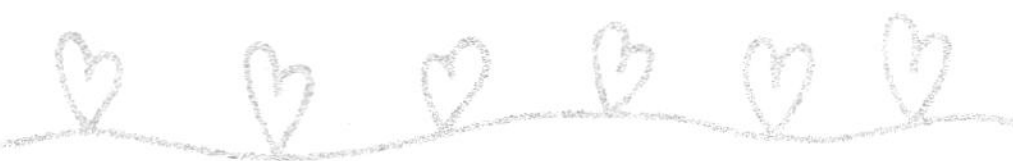

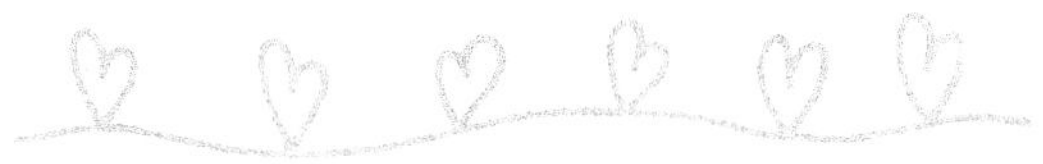

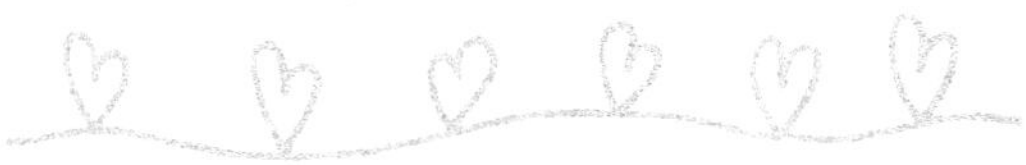

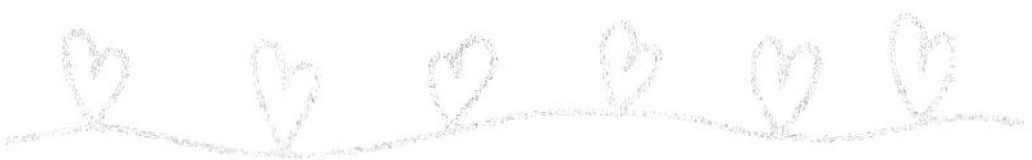

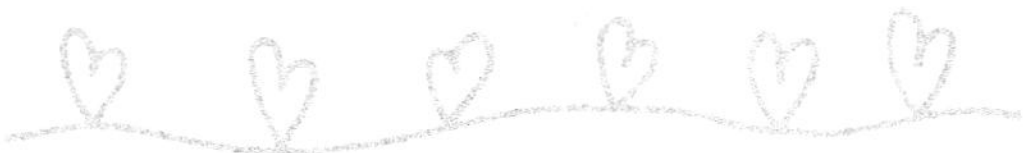

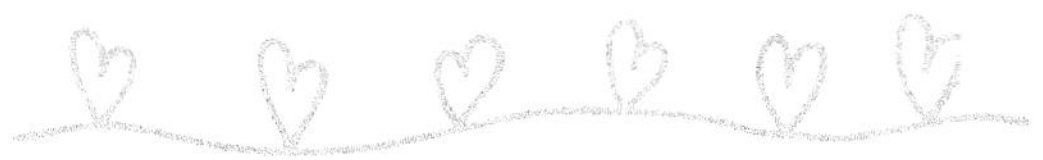

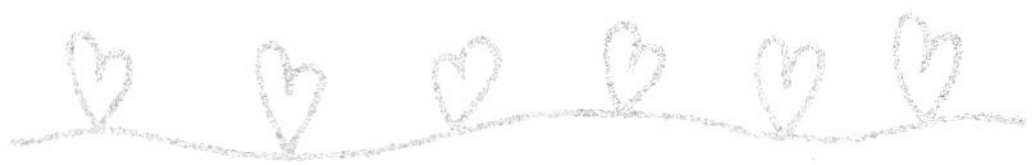

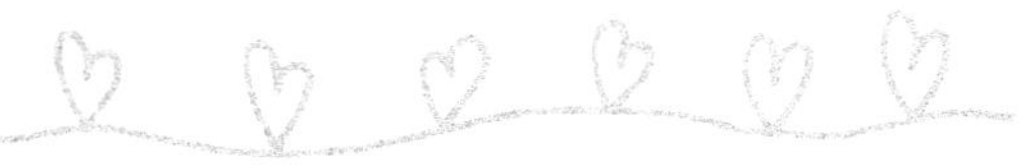

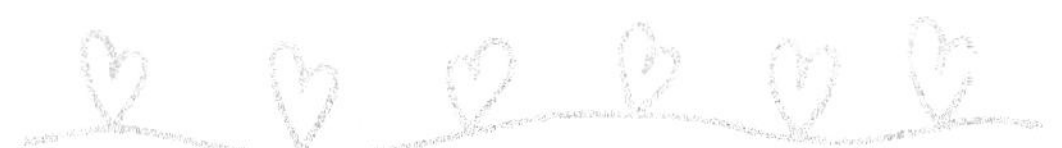

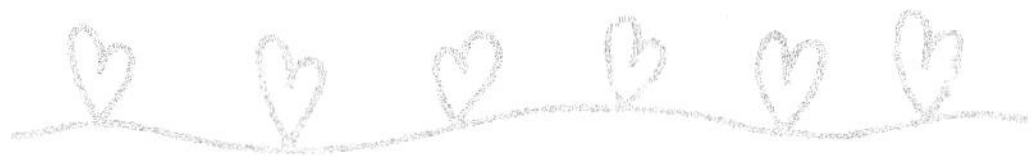

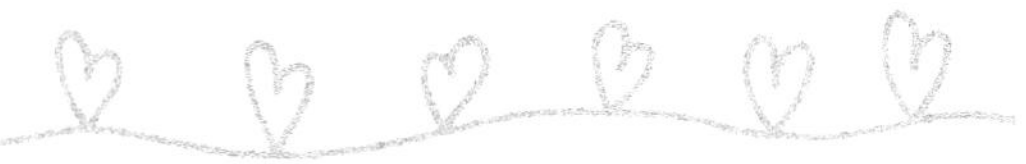

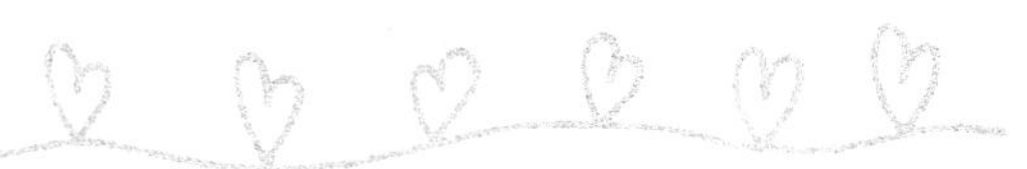

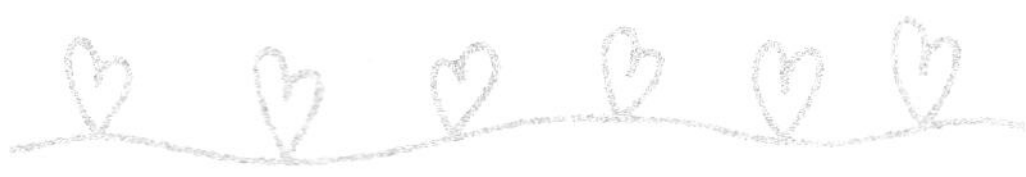

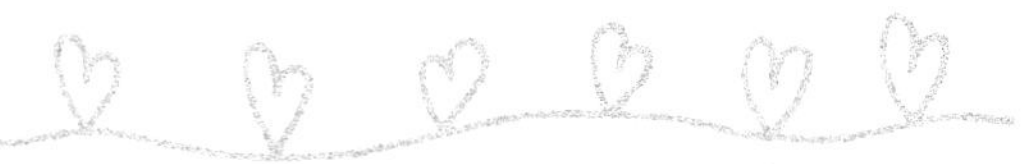

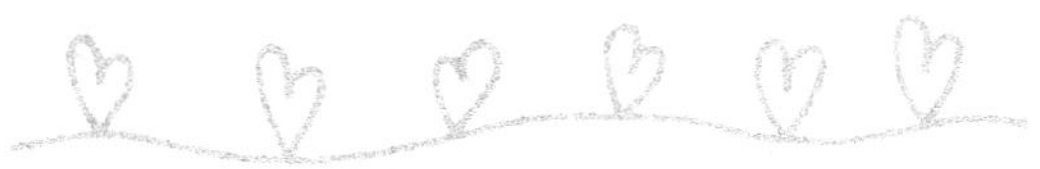

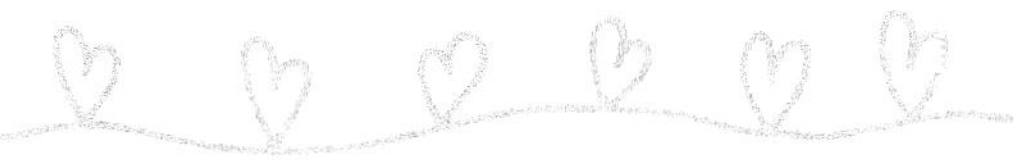

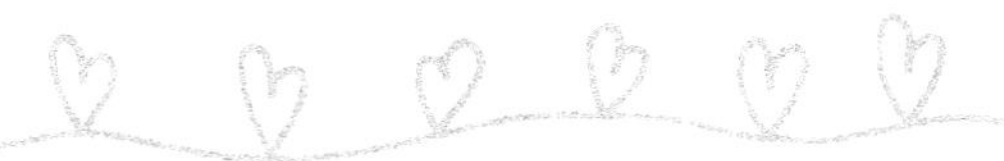

9 798676 219376